ÅTERSEENDE

Av Kicki och Gunnar Lidén:
Ett dussin russin 2007
Sånger från balkongen 2014
Grekiska Livstycken 2016
Ostmästaren i Poligny 2019

Av Gunnar Lidén
Under tamarisken 2016
Grekisk sallad 2017
Halvt kilo rött 2017
Omvägar hemåt 2017
Körsbärsträdet snöar 2018
Rörlighetens gränser 2019

© Texter, teckningar och layout: Gunnar Lidén 2020
Omslag och grafisk form: Gunnar Lidén
Förlag: BoD – Books on Demand, Stockholm, Sverige
Tryck: BoD – Books on Demand, Norderstedt, Tyskland
ISBN: 9789179697242
Kulturstugan
Olsätersgatan 116
65468 Karlstad

gunnar@kulturstugan.se
www.kulturstugan.se

ÅTERSEENDE

Dikter och teckningar

Karlstad 2019-2020

GUNNAR LIDÉN

KULTURSTUGAN

Innehåll

Förord

På återseende säger vi när vi har mött någon som vi gärna vill träffa igen. Hälsningen rymmer en förhoppning om att livet fortsätter och gamla relationer håller ännu ett tag. Under 2019 rullade livet på ganska likt som det brukar. Vi båtluffade i augusti mellan grekiska öar i Egeiska Havet från Ikaria och Samos i norr till Symi och Rhodos i söder. Det blev många återseenden bland gamla vänner.

2020 började med en kris som förändrade allt. Coronapandemin tvingade oss att tänka om och lära oss att se på livet med nya ögon. Vi blev både mer ensamma och kom närmare varandra. Våra resor blev inställda och vi började längta ut till skogar och sjöar. Vi fick tid att lära känna oss själva på ett nytt sätt och vi gjorde återblickar till gamla tider som vi hade glömt. Vi ville återse det som inte längre finns och som har format oss till de människor vi är.

Dikterna och teckningarna i Återseende handlar om att minnas det som var för att kunna hoppas på det som ligger framför.

Karlstad i september 2020

Gunnar Lidén

11

Bröllop

Vid kanten av den svarta Klarälven
står dottern under blomsterbågen
hand i hand med sin älskade

Bröllopsmusik ekar mot andra stranden
fyller hjärtats innersta kammare,
spelar kärlekens varmaste melodier

Om några veckor ska hon fylla tjugonio
livet flyter fort med stor kraft
Klarälven strömmar lugnt förbi

Hon är på väg mot det stora havet
för att bli ett med oupptäckta världar
där nya horisonter vaknar i gryningen

Premiärdopp

Gräsvägen ner till sjön är nyklippt
ormarna gömmer sig utom synhåll
stranden är rensad från kvistar
badflotten flyter med en mås
som helst vill ha den för sig själv.

Årets första bad är det svåraste
och samtidigt det bästa.
Vattnet är alltid för kallt i juni
samtidigt så lugnt och lockande
som en stor svart säng att vila i.

Jag behöver ett barnbarn
att hålla i handen när jag går i
annars blir jag stående och funderar
över hur stadig bottnen är
och om vattnet är brunt eller klart
för att inte tala om temperaturen.

Allt det där bryr sig inte barnet om
när vi tillsammans går ut i sjön
för att uppleva hur det är att flyta
och simma rakt in i sommaren.

Nattmusik

Hon sjunger om det äldre paret
som tar med sig kaffekorgen
ner till en heldag i tvättstugan
för trapporna är tunga
och de har all tid för varandra.

Hon sjunger om vardagskärlek
som talar högt till den halvdöve
och gestikulerar till den halvblinda,
de förstår varandras händer
och de har all tid för varandra.

Hon sjunger om meningen med livet
när tiden står stilla mitt i bruset
och vardagen lyser i alla färger
där det finns ett kärleksfullt möte
och de har all tid för varandra.

29 juni. Stawns visfestival. Sonja Aldén

Berget

Vägen till grottan i berget
var inte röjd på många år,
spången över bäcken var trasig
och vägvisarna hade fallit ner.

Vi såg den branta bergsväggen
resa sig ur granskogen
tog oss över rinnande vatten,
klättrade över stenblocken
och blev stående vid ingången.

Där kom berättelserna emot oss.
Klöven från den vilsegångna kon
som fastnat i grottöppningen.
Björnen som sovit vintersömnen
och vaknat vid människobesök.

Skolklasserna på vårutflykt
kunde berätta hemska historier
om luffares tillfälliga bostad
i grottans stora svarta salar.

Ingen av oss ville krypa in
i bergets kalla mage
där berättelserna säger
att några aldrig återvänder.

Armtag

-Ta emot mig när jag simmar!
säger barnbarnet till morfar
som står och fryser i julivattnet
just när solen går i moln
och det blåser över Glafsfjorden.

Några dagars envis utvind
drog med sig varmvattnet
söderut till Skasåsbron
där det inte gjorde någon nytta,
fyllde badviken med bottenkyla

-Ta emot mig, morfar!
Det var inte länge sedan
som hennes mor ropade så
och jag tog emot första simtagen
i en annan sjö, i en annan tid.

-Ta emot mig när jag simmar,
viskar jag till sommarsjön,
tar mina armtag under ytan
och allt blir tyst och ljust.
Det mörka vattnet bär mig.

Poolen

Fingertopparna rynkades som russin
efter en halvtimme i poolen,
28 grader i vattnet och 40 i luften
under kupoltakets eviga sommar.

Jag simmar bröst och på rygg
i 54 kubikmeter klorerat vatten,
väger nästan ingenting alls
och rör mig som en abborre.

På badstegen åldras jag tio år
benen blir blytunga och stela
armarna drar upp den gamla kroppen
blöt, skrynklig och ynklig.

Själen återvänder ner i fostervattnet
där åldrandet går baklänges
med hälarna först på badstegen
och gälarna lätt utvikta.

Slusswakten

Längs med kanalen där båtarna går
sitter en kille och metar.
Kroken är kastad dit abborren står,
fiskmåsen spanar och letar.

Somliga metare badar i ljus
andra är helt bakom flötet.
Somliga hus är bara ett hus
andra är rum för ett möte.

Slussvaktarstugan bjuder oss på
kaffe och samtal om orden.
Många får sitta och några får stå,
böckerna vandrar kring borden.

Kunde ej fatta hur detta gick till,
vem skulle nappa på kroken?
Några har fångats och veta de vill
vad som var syftet med boken

Någon har ryckt i den lina jag bär
så att jag snabbt drog tillbaka.
Andra har agnat min bokkarriär
med en bit nybakad kaka.

Symfoni

Tre symfonier på tre månader
skrev Wolfgang Amadeus Mozart
under en av sina sista somrar i livet
efter en lång paus i komponerandet.

Vid 35 års ålder var det som om
hela livet skenade upp i himlen
med de vackraste lyckotonerna
och den sorgsnaste dödsmässan.

Hans musik spelades av en orkester
inne i hans galopperande hjärta,
hans själ grät och skrattade
så att tårarna rann nerför kinderna.

Så berörs även jag när jag hör
Mozarts symfonier i operahuset,
för alltid levandegörs ögonblicket
som ett fritt fall från hög höjd.

Krabbfiske

Det blir vinst på stenen varje gång
när bryggan invaderas av småfiskare.
Sikten når flera meter ner
där krabborna gömmer sig.

Nerifrån botten ser krabborna himlen,
en blöt bild av ett sommarbarn.
Det är hisskötaren, tänker krabban
när den tunna linan sjunker till botten.

Hissen startar med ett litet ryck,
krabban trycker på knapp fyra
där det står övre plan, högst upp.
När hissen stannar skriker måsarna.

De är den vita mottagningskommittén
som artigt öppnar hissdörren
för att välkomna dagens lunchgäster.
Serveringspersonalen bär vita skjortor.

Minnen

Med en skvätt livlig fantasi
går det att höra havet brusa
i en flaska billig Lambrusco.

Det går att dricka en kopp solsken
från det snustorra Santorini
på en brygga i Grebbestad.

Men det kräver klara ögon
att se tallskogen resa sig
ur ett glas iskall Retsina.

Livet vaknar ur dofter och smak
där minnen ligger lagrade
på vinfat i mörka källare.

Nattcykling

Vi cyklade hem genom natten,
på en slingrig grusväg längs sjön,
granväggen tryckte sig mörk inpå,
norrhimlen lyste som skogsbrand.

I utförsbackarna släppte vi på
och i motluten trampade vi ikapp
för att slippa kliva av och gå
när vi klarat oss från dikeskörning.

Vi följde ett ensamt rött baklyse.
Så svart kan granskogen bli
en julinatt i västra Värmland
när solen färgade skyarna röda.

Oas

Mitt bland Athens betongkolosser
låg hon, vår lilla anglikanska stenkyrka,
en oas i storstadens bullriga kaos.

Trådbussarna slogs om utrymmet
närmast himlen där luftledningarna går
och kontakten ganska ofta är bruten.

De gula taxibilarna vällde fram
på jakt efter kunder som vinkade in
till stranden av den rullande floden.

Inne i Sankt Paulskyrkan var det lugnt
som om Jesus nyss stillat stormen
och vi stressade hämtade andan.

En tunn hinna mellan två världar
där båda är lika fulla av inspiration
för vår yttre och inre människa.

Pump

Mer luft! skrek pojken till sin pappa
som hade köpt två nya flytmadrasser
för att de skulle få lite kvalitetstid
en söndagseftermiddag vid Alstern.

De pratade inte mycket med varann
när de packade upp sin utrustning.
Pappan gjorde allt för att glädja
sin son som flöt på mage i vassen.
Han låg och lyssnade på sin favoritmusik
som pappan spelade på för hög volym
i sin bärbara radio under tallroten.

Luftpumpen var stor och tung
men gjorde pappan glad för dagen
som blåstes upp till ett soligt minne
om en eftermiddag på tu man hand.

Solstol

Längst ut på klipporna vid söderhavet
stannar sommaren kvar i skrevorna.
Vänerns vatten vaggar själen till ro
medan vinden berättar stora sagor
om skepp som seglat över Atlanten
till hamnar där livet börjat om på nytt.

Här på hällarna i Räggårdsviken
har de små sagorna strandat för gott.
Vi lyssnar till stenarnas berättelser
om fartyg som gått på grund i stormen
och lämnat efter sig spillror av liv.

Nu är det vår tur att höra havet sjunga
med ekot från tusen stjärnor i natten
och klangen av tusen avlägsna solar.

Tipspromenad

De svåraste frågorna har inga svar.
Vi förstår att kuggfrågorna är till
för att vi ska tänka högt och undra
om det kanske inte finns något svar
utan bara ännu flera nya frågor.

Lapparna vinkade närgånget fram oss
så att vi skulle tro att vi var tilltalade
och kunde förstå att det kanske fanns
fler än tre alternativ som kunde vara rätt.

Vi valde att gå utanför boxen
och göra våra egna frågor på lappar
som kompletterade tipspromenaden.
När vi fullbordat hela tävlingen
meddelades att inga lösningar fanns
och att svaren fanns i alla samtal
vid varje station längs vägen.

Säckkärran

Vi mötte strandspecialisten
med vindskydd, parasoll, solstolar,
radio och mat för en hel dag.
Säckkärra med dubbla hjul.
Ingenting förvånar längre.

Våra vänner som bott i Franrike,
har också en utrustning för havsliv
där man tillbringar hela dagar,
skapar små samhällen under solen.
Vindarna ger svalka och tidsfördriv.

Man bygger små kvarter av lycka
där sanden inte tränger sig förbi
de konstgjorda murarna av tyg.
Den befolkade stranden ägs av ingen
men köps till priset av en parasoll.

Drycker

Här dricker vi inte för att utröna
om glaset innehåller balanserad sötma
och har en smak av vanilj och choklad.
Vi dricker en skål för den goda yrseln
som sätter våra stela ben i rörelse
och får hjärtat att minnas berättelser
från barndomens färgstarka världar.

Vi frågar inte efter om drycken är lagrad
på ekfat eller i cylindrar av rostfritt stål.
Allt vi vill veta står på bordet framför oss
och väntar på att våra liv ska börja.

Vem bryr sig om den fina etiketten
när vi äntligen vågar vara oss själva?

Förberedelser

Den första resan går inåt,
till gamla vägar jag minns.
Där sjunger gruset under cykeln
som lövrasslet i asplunden,
där svalkar skuggan i skogen
efter raksträckan över fälten.
Jag färdas i jämn takt hemåt
efter en dag på kända vägar.

Den andra resan går utåt
till vägar jag drömmer om.
Där ryker vitt damm om fötterna
och torra tistlar spretar i diket.
Ingen svalka finns inom synhåll,
getterna letar bland vassa stenar
efter något ätbart i torkan.
Jag färdas i jämn takt hemåt
efter en dag på nya vägar.

Den tredje resan går sakta
med alla sinnen öppna
för det jag aldrig mött förut.
Vägar där varken minnen
eller drömmar ritar kartan.
Människor möter mig och frågar
vart jag är på väg denna gång.
Jag färdas i jämn takt hemåt
efter en dag på okända vägar.

Cykelväg

Våra små hopfällbara cyklar
tog oss längst ut på Bohusläns klippor
där korna betar på strandängarna
och allmän väg har slutat för länge sedan.

När det blev för brant, fick vi bära,
växlarna räckte inte till för stuphällarna.
Vi gömde våra Brompton i krypsnåren
när vägen försvann helt ut mot horisonten.

Friheten i ytterskärgårdens enslighet
har ingen karta och utraderade vägar.
Endast fismåsarna vet var landet slutar.
Där börjar dagens vindpinade höjdpunkt.

Idioter

Världen är full av idioter
och man kan inte ta hänsyn till dem,
sa en som lärt sig att misstro
den snälla godheten som bedrar
med självsäkra ansiktsuttryck.

När idioterna sluter sig samman
och gör sanningar till lögner
behövs det starka glasögon för att se
och laddade hörapparater för att höra
vad som är trovärdiga förfalskningar.

Vi behöver vända bilden upp och ner
för att se det vi inte förut såg
och vi behöver ta hundra steg tillbaka
för att se mönster bland alla detaljer
när idioterna kör upp enfalden i ansiktet.

Packning

Vi bar våra självvalda bördor
och gladde oss åt att ryggen höll
för ännu en vandring under solen.

Det allra nödvändigaste skavde
våra röda axlar och stela knän
när vi gick barfota i sanden.

Mat för en halvdag, vatten för en hel
bar vi längs stranden i svag vind
till en plats mellan klitter och hav.

Äntligen framme vid bästa platsen
som vi såg först när vi stannade till
och ställde ner vår lätta packning

Höjder

Bästa badplatsen i barndomssjön
hade både sandstrand och bergstup
där vi kunde visa mod och dykteknik
för alla som ville beundra våra konster.

Den allra bästa klippan fanns på Lill-ön
dit vi tog oss med kanot eller båt,
vi hoppade från farligt höga höjder,
vattnet var alltid varmt om somrarna.

De höga klipporna förändras med åldern
och stupet vid Älgtången har krympt,
min dykteknik är inte vad den en gång var
och vattnet har blivit mycket kallare.

Whisky

Efter tre års lagring i källare
kan den första whiskyn avsmakas
djupt inne i de värmländska skogarna
där granen inte duger till fat.

Ek från småland eller rumänien
ger både färg och smak åt drycken
som rivs likt arga kattungar
innan den spädes med vatten.

Den första skvätten ur pannan
smakar misstänkt som grekisk raki
men druvan har ersatts med korn
och doftar av Holmedals källvatten.

Whisky från Nordmarken lagras
tills vi hör änglarna spela svagt
och gästerna börjar sjunga högt.
Dit är det ytterligare tre års väntan.

Blåbär

Det regnade så kraftigt inatt
att blåbärsbuskarna trycktes mot marken
och hälften av bären slogs av
som en skottsalva från en kpist.

Vi kom till plantagen vid lunchtid,
trampade omkring i den blå sörjan
lyfte på grenarna och konstaterade;
vi kom en dag försent.

Mannen som vägde mina blåbär
bad inte om ursäkt för gårdagens regn
och tvekade inte att ta bra betalt,
han gladdes över att jag fyllt mina hinkar.

Sommarfest

Sommardansen i det stora Växthuset
fick trötta pelagoner på fötter igen,
övermogna amplar svängde i takt
och de blyga kvisttomaterna rodnade.

Två vilsna rådjur som hört musiken
flydde undan den upplysta glasladan,
tog skydd inne bland de svarta granarna
där vildsvinsbasen rapade i jorden.

Vi hälsade artigt i hand på varandra
för vi bar ju inte våra vanliga kläder.
En gång om året förvandlas uterummet
till lekstuga för traktens medelålders.

Grekdans

När mörkret slutit sig över oss
och lamporna tänts runtom i träden
börjar musikerna att spela.
Sångerna berättar om livet på Ikaria
om det stora farliga havet
och de höga trygga bergen.

Som på en given signal
reser sig folk från matborden
och börjar ringdansen.
Vi ansluter och följer med
steg för steg till rytmerna.
Snart blir dansen svårare
och vi återvänder till bordet.

Nu börjar den riktiga ikariadansen
som berättar om dykarna
som fiskade tvättsvamp
på de stora djupen utan tuber.
Många fick skador på balansen
och händerna började darra.
Dansen gestaltar arbetet
och farorna för hälsan.

Fråga aldrig en svampdykare
om varför käppen skakar
och fötterna snubblar i dansen.
Han har nog med sina minnen.

Skrotbil

Hela familjen åker med i pappas lastbil
när han kör omkring och letar skrot
som kan säljas för en liten summa pengar
så att familjen kan köpa mat för dagen.

Säkerhetsbälte har ingen hört talas om
och tre barn sitter bredvid i framsätet.
På flaket lagar mamma mat på spritkök
i ett litet rum under hopsamlat skräp.

Där sover familjen på parkeringen
i det lilla rummet som håller värmen
när man ligger trångt som salta sillar.
Hela livet finns ju inom räckhåll.

Pythagoria

Vi anlöpte hamnstaden Pythagoria
där inkastarna tävlade om kunderna,
som om vi var utsvultna och törstiga
efter flera veckor till havs i liten segelbåt.

Vi ville bara därifrån fortast möjligt
och slippa de inställsamma fraserna
varifrån vi kom, som om vi inte visste
och om vi var törstiga, vilket vi var.

Klädda i vita skjortor och svarta byxor
imponerade de kanske på amerikanskan
i de stora glasögonen och höga klackar
som för alltid lämnade sin stora segelbåt.

Lipsi

Kostas båt ligger säkert förtöjd
nedanför hans hus invid färjeläget.
I kvällningen ger han sig ut på fiske,
kommer hem när solen är på väg upp,
visar stolt upp fångsten i hans hink.

Sitt sovrum använder han inte på natten.
Vi får låna den stora dubbelsängen
som ändå står tom under porträtten
med bröllopsfoton på barn i guldram
och föräldrar uppklädda i finkläder.

Varje midnatt kommer färjan från Aten
med pratglada och trötta passagerare
som inte sett sina släktingar på länge
och berättar om allt som hänt sedan sist.
Vi förstår varför rummet var så billigt.

Ytan

Under vattenlinjen pågår ett ständigt krig
mellan de efterhängsna havsanemonerna
och båtens trogne vaktmästare.

Uppe på land öppnar båtskötaren eld
med högtryckstvätten i stadigt grepp
för att befria skrovet från parasiterna.

Det är så mycket som inte syns på ytan
där den hårda solen ständigt skiner
men som döljer skuggorna på djupet.

Samos

Vackra, slitna hus söker nya ägare
i den gamla stadsdelen Vathy på Samos.
Arkitektens ögon ser konstverket
bakom det fallfärdiga skalet.

Hantverkare har flyttat från området,
tavernor har stängt och lämnat
bord och stolar som om man väntade
att gästerna skulle vakna efter vilan.

Nya husägare trampar de branta gatorna
hem till sina renoverade hus i Vathy,
ryktet sprider sig bland utlänningarna;
det gamla och genuina Samos finns kvar.

Patmos

I en liten grotta i Patmosberget
satt en gång Johannes förvisad
från sällskap med gamla vänner,
bruten av romarnas övermakt.

Isolerad i den gamla fångkolonin
drömde Johannes om draperiet
som drogs åt sidan och gav insyn
i änglarnas kamp mot Draken.

Än idag sitt han där i grottan.
Vi lånar hans ögon för bokrullen
med Lammet som öppnar sigillen.
Apokalypsens bilder räcker inte
för att beskriva dagens fasor.

I busslaster kommer vi till berget,
drömmer om att se in i staden
med källflöden klara som kristall.
Allt har åter blivit heliga kulisser,
för dyrt för oss dödliga sökare.

Vallfärd

Lokalbussen stannade i korsvägen
där två svartklädda kyrkobetjänare
sålde ikoner i varierande storlekar
av Maria som bär den korsfäste Jesus
i sina armar som ett misshandlat barn.

Turisterna köpte dyra minnesbilder
för att kunna berätta för sina vänner
om den märkliga lilla kyrkan på Lipsi
dit hela världen vallfärdar för att se
med egna ögon hur Maria bär Gud.

Medan gudstjänsten pågick vid altaret
plockades souvenirerna diskret bort
från den världsliga helgedomen utanför
där välsignelserna räknas i euro.

Kalymnos

Genom de trånga fjordarna på Kalymnos
tränger turistbåtarna djupt in till hamn
där passagerarna stiger iland för ett bad
och en promenad förbi försäljarnas bord
med nypressad apelsinjuice och is,
byns lokala honung och hembränd raki.

En pratglad handelsman kan många språk
och ser med kännarblick på besökarna
från vilken världsdel de har kommit
ända till hans lilla by i Tolvöarnas rike.
På huvudet bär han en fuktad tvättsamp
stor och varm som en rysk pälsmössa.
Han tar av sig huvudbonaden och visar;
den hjälper honom att hålla huvudet kallt.

Han säljer en tvättsvamp till en kines
som har alldeles för mycket pengar.

Lyhört

Alla vet allt om alla i den lilla byn
på Kretas sydöstra kust där vägen slutar.
Man hör det man vill höra om grannar
som har släktingar på besök från Aten.
Det kan inte stå rätt till när de hälsar på
en gång om året för artighets skull.

Det är troligen för att försäkra sig om arvet
som de gamla tiger i sin ensamhet
men som alla vet att barnen slåss om
för att det ska gå rätt till den dagen
när hus och egendom ska delas.

Gatan är lyhörd i skymningens dunkel.
Man tar en kort promenad för att lyssna
om någon har en nyhet att berätta.
Kvällens tystnad har stora öron.

Solsäng

Den ljusblå solsängen luktar bränd plast
med intorkad svett och spillda ölskvättar
efter flera somrars misshandel på stranden.

Sololja som doftar gammal kokos
och några stänk saltvatten med fisksmak
ger strandbädden dess medelhavskaraktär.

Ett medelålders par från Frankrike
har väntat i timmar på att finna en ledig brits.
Taktiken med onda ögat fungerar inte.

Fram emot eftermiddagen tar tröttheten över,
varken kaffe eller ett glas vin hjälper.
I drömmen blir solsängen ny och spänstig.

Parlamentet

Ikarias Parlament sammanträder ofta,
lätt klädsel och inga anteckningsblock
får medföras i den varma bassängen.

Ledamöter från hela världen möts för ett bad
medan världsproblemen får sin förklaring
när alla pratar samtidigt och ingen lyssnar.

Vi nuddar ofrånkomligt vid varandras fötter
och bör därvid säga några ord på grekiska
för att visa att vi är vänligt sinnade.

Den som inte deltar i konversationen
är en märklig och obegriplig människa,
en idiot som inte vill höra till flocken.

Förhoppningsvis är våra leenden äkta,
mottas med erbjudande om varmare sits
där gemenskapens källa rinner upp.

Nät

Katterna stryker kring fiskarens nät
när han tömmer garnet på morgonens fångst
och slänger skräpfisken på kajen
till glädje för många hungriga små magar.

Den bästa fisken säljer han till tavernor
som vet att han inte tar för mycket betalt
och alltid lägger ut sina nät om kvällen
även när det blåser hårt på fjärden.

Den lilla fiskehamnen på Leros är skyddad
från vindar och kryssningsfartyg.
Här får tiden gärna gå baklänges
så länge ingenting alls förändras.

Rumsuthyrare

Det doftar lite mera sommar
när vi inte vet var vi ska bo om kvällen.
Himmelen lyser lite skarpare
och havet skvalpar mycket tydligare
när vi spanar efter den Rätta Rumsuthyraren.

Det finns alltid de som vill lura oss
och det hör till spelet att gå på nitar,
men vi söker ögonkontakt och går framåt
som om vi redan hade bostadsfrågan löst
vilket vi inte har, men Fake it n'til You make it.

Magkänslan styr oss till damen med leendet
som antyder att priset kan diskuteras
om vi kan tänka oss att stanna några nätter.
Den helige Fanourious som hittar saker,
får en kaka och ett ljus för att vi kom rätt.

Ritual

Alla får inte plats samtidigt i grytan.
Det heta vattnet strömmar upp ur Ikarias berg.
På långt håll ser man när det glesnar
bland varmbadarna som gillar radon.

Högst tjugo minuter i det radioaktiva vattnet
sedan blir man en självlysande attraktion.
Stenarna på bergssidan glöder röda
och vi vill ju inte se ut som kokta kräftor.

Vattnet från havet blandas med källflödet.
Vi flyttar oss närmare de heta strömmarna
och pratar bättre och bättre grekiska
alltmedan ryggen får varmvattenmassage.

Folkstrand

Tio gräsparasoller ger lite solskugga
vid Thermas lilla strand på Ikaria.
Inga turister jäktar ner i soluppgången
för att markera revir med badhandduken.

Livet går sakta i Thermas trånga dalgång
som om de varma källorna stannar tiden,
den som på alla andra ställen går alltför fort
och tar slut innan den ens har börjat.

Byborna byggde en trappa ner till varmbadet
men kommunen ville att de skulle betala
för att bada inomhus i de varma karen,
rev trappan och satte upp ett stängsel.

Vår vän Kostas bror bygger parasollerna
som överlever en sommar men inte mer.
På vintern badar Thermas invånare i havet
där det femtiogradiga vattnet aldrig sinar.

Nybadad

De varma källorna på Ikaria
lockar badare från hela världen.
Utvandrarna som reste till Australien
när fattigdomen blev för svår,
har aldrig glömt sitt ursprung.

Nu återvänder de en gång varje år
för att krypa ner i det varma vattnet
med de hälsosamma mineralerna
som gör kroppen och själen ung igen.
Ikarias parlament uppdaterar världen.

Efter badet bäddas kroppen in
med skyddande rockar och dukar
där endast nästippen ser sig omkring
för att värmen ska hålla sig kvar
ända hem till Australiens vinter.

Främlingar

Vi ville ta ett bad i middagsvärmen
på ön med alla sina mörka krigsminnen
från tiden när Italiens största marinbas
låg just här på Leros i den gömda viken.

Idag kommer flyktingarna till öns ruiner
för att leta efter skydd mot kalla vindar
och söka en framtid bland möjliga vänner
som tror att det stora kriget är slut.

Tre flyktingar gick före oss på väg till badet,
fick genast höra att de inte var välkomna
till segelklubbens strand för vita europeer.
På mindre än fem sekunder var de borta.

Med tvekan klädde vi av oss och hälsade
på en mormor som simmade med sitt barnbarn.
De frågade på vänlig grekiska varifrån vi kom
och sa att de tyckte om Sverige väldigt mycket.

Havsmusik

På en liten stenig parkeringsplats
längs kustvägen på norra Kalymnos
hade trumpetaren parkerat sin Vespa.
Vinden mojnade och det mjuka ljuset
bäddade in öarna i tystnadens vita skimmer.

En fiskebåt ritade notstreck i vattnet,
när vespafararen tog fram sin trumpet
och började spela för himlen.
Tre fiskmåsar satte noterna i flykten
medan trumpetaren fyllde i resten.

Vi hörde musiken på mils avstånd,
ut över havet flög den bortom öarna,
den följde oss ända hem till hotellet
där den la sig till ro på balkongen.

Utflykt

På kajen står vi svettigt hopträngda
när båten från Rhodos anländer till Symi
för att lämna av förväntansfulla turister
och hämta hem oss som sett oss mätta.

Färggranna kulisser från den italienska eran
ger en perfekt bakgrund till hawaiiskjortor
och paraplydrinkar bland lyxyachterna
där ingen längre förvånas över någonting.

Tre svartklädda tanter armbågar sig fram
genom kön till den uppfällda landgången.
De har sett allt som går att se på Symi
och vet att livet finns i Choran på berget.

Om femhundra steg i himlens riktning
ligger gamla stan med det riktiga livet
dit öborna flydde till frihet och trygghet
från de hungriga besökarna från Rhodos.

Badvik

Turisterna vandrar långt i värmen
för att nå den allra bästa badviken
där inga försäljare ropar ut sina varor
och inga barer spelar reggae ut över havet.

Där finns inga parasoller som ger skugga
och där badar inga greker i solen.
En familj från Italien har hittat stranden
med det klaraste vattnet och tystnaden
som ingenstans kan köpas för pengar.

När vi berättar för vår grekiska värdfamilj
om vägen förbi öns soptipp till stranden
med lite skugga under tamariskerna
och den långa backen ner till havet,
skakar de bekymrat på sina huvuden
åt våra präktiga svenska ambitioner.

Svamp

Doften av starka kemikalier
steg ur det stora reningskaret
i svampverkstaden på Kalymnos.
En kolsvart nyfiskad tvättsvamp
påminner mest om en död sten,
i väntan på att väckas till liv.

Full av alger, snäckor och grus
stampades den ren från skräp.
Åtta timmar i en tramplåda
för att befrias från havsbottnen,
dit den aldrig skulle återvända.
Barfota förvandlades svampen
från levande till död.

Ännu ett reningsbad i verkstaden
förvandlade det bruna till gult
vände det hårda till mjukt.
Vi steg ner i det stora havsdjupet
där mörkret är fullt av liv.
Det nyfödda barnet lades varsamt
i den största tvättsvampens vagga
där livet ständigt föds på nytt.

Räkor

De små Symiräkorna gömmer sig
i svårtillgängliga djupgravar
mellan Grekland och Turkiet.
Aldrig synliga med blotta ögat
även om havet är klart och ljust
långt nere i den stora tystnaden.

De små Symiräkorna visar sig
hos den skicklige kocken i köket
som häller i en skvätt starkvin
och tänder eld i stekpannan.
Det salta och det söta blandas
med syran från en färsk citron.

De små Symiräkorna gömmer sig
i minnet som länge dröjer kvar
långt efter att vi lämnat övärlden.
Alltid synliga för vårt inre öga
där Medelhavet är salt och varmt
långt efter att höstlöven fallit.

Frakt

I Kalymnos hamn väntar vi
på turbåten från Leros och Lipsi.
Som vanligt är den försenad,
tiden räknas i sekundmeter.
Solen står i zenit, vi söker skugga,
dricker vatten, står stilla.

När den stora katamaranen
vänder aktern och lägger till
kör lastmopederna ombord
för att lämna inplastade paket.
De saknar liksom vi backväxel
och knuffas tillbaks till kajen

Mellan öarna flyttas varor
och människor fram och tillbaks
tills trafiken stannar i oktober
när charterflygen slutar gå.
Vi klättrar upp på akterdäck,
ser Kalymnos försvinna baklänges.

Flygbussen

Bussen avgick från stationen
vid Mandrakihamnen på Rhodos
tretton minuter före avgångstid.
Inga fler passagerare fick plats
och nästa transport stod redan inne.

På väg till flygplatsen fångades
nya resenärer in genom svängdörren
som abborrar i en utslängd mjärde.
Grekiska bussar har alltid plats
för några till när det är fullsatt.

Chauffören skrek med stark röst
hotellens namn utan mikrofon.
I hög fart tog han ögonkontakt
med nypåstigna panikvänner
som alla ville dra i nödbromsen.

Swing

Amerikanska swingar rör sig
med lätthet bortom all kontroll
medan vi står och förundrat ser på
hur en tolvkilos kettlebell far iväg
högt över våra vilsna huvuden.

Någon säger åt oss att spänna rumpan
och aktivera våra slappa lårmuskler
så att vår motvikt får extra skjuts.
Allt vi spänner är våra hårfästen
som intresserat följer vår förvåning.

Vi litar på att viktkulan stannar
innan den slänger oss in i väggen
där förhoppningsvis ingen står i vägen
och väntar på att vi ska ge upp
när musiken äntligen tystnar.

Hänglås

När vi försöker komma ihåg
det som vi vet att vi vet
blir det ibland alldeles blankt
och minnet tiger som muren.

Hänglåset till omklädningsskåpet
har alltid samma kombination
som den enda jag kan minnas
och aldrig har förändrat.

Men någon ändrade på siffrorna
just innan jag klämde igen låset.
Det kan ha varit jag som gjorde det
men jag tror inte det. Minns inte.

Jag kom i alla fall ihåg bultsaxen
som fanns på hyllan i receptionen.
Nu har jag ett nytt hänglås igen
med samma sifferkombination.

Klipp

Ögonbrynen växer långsamt,
liksom håret i örongångarna.
Inte konstigt att jag ser sämre
och hör lite illa på vänster öra.

Raggen som gror ur näsborrarna
klarar jag att avverka för egen hand.
Rakar hakan gör jag med hyvel
för att hålla skägget på gräsrotsnivå.

Värre är det med rufset på toppen
som jag inte har någon styrning på.
Tur att jag har vänner som klipper till
och beordrar virvlarna att sitta fint.

Höstsalongen

Höstsalongen på Värmlands museum
är alldeles uppåt väggarna.
Vi kröker på nackarna och ser
målningarna uppe under taket
och undrar hur Johan lyckades
slå i en spik när han stog på stegen.

Målningarna pratar med varandra
i en saling blandning utan mönster
där kaos är granne med ordning
och vi tar stöd av varandra
när vi letar i katalogen utan hittelön
och ger upp det individuella
och ser det gemensamma konstverket.

Mångfalden blir den större upplevelsen.
Enfalden irrar vi vilset förbi.

Solbadaren

Sent i oktober blir dagarna korta
vi tänder ljus för att få lite ordning
på dygnsrytmen som är osäker
om det är morgon eller kväll.

Rosa Stranden på Kreta ligger öde.
Den som vill ta med sin blekta solsäng
och paraply med egen skugga
är välkommen att breda ut sig stort.

Nu kommer varma vindar från Afrika
med röd sol och ljumma kvällar.
Sommaren varar ännu en tid,
dagarna innan de våldsamma regnen.

Oliver

Körsbärsträdet har mist sina blad
och lönnen står avklädd och naken.
Nu skördas oliver i bergen på Kreta,
i år är dom stora och ovanligt feta.
De har något fruktigt i smaken,
sa olivodlaren innan han tog sig ett bad.

Jag vet hur det känns när oliverna skjuter
som kulor ifrån en laddad pistol.
Att stå där med elkrattan högt över hatten
är tungt och man längtar efter ett glas vatten.
Det blir nog ett snabbdopp i närmaste pool
för middagen väntar om några minuter.

Sibylla

Vi firade teaterkursen i Sunne
med en hamburgare på Sibylla.
Det fanns så mycket att välja på
från de självlysande skyltarna
bakom killarna som visste allt
om ost, bacon, sallad och dressing.

När vi väl hade bestämt oss
kom tio frågor till om olika såser,
om vi äter här och kaffe efter maten.
Det kändes som en befrielse
att betalningen var så enkel
och att vi fick en liten dosa som pep
när maten var klar att hämtas.

Killen i kassan frågade oss
om vi var härifrån Sunne.
Vi svarade att vi kom från Karlstad
och han tyckte att det gick lika bra.

Operation

Det finns olika sorters sjukhus,
ett för människor och ett för djur.
Ibland önskar jag att jag var en katt
så att jag fick komma in för vård
när jag har gjort mig olyckligt illa
och behöver någon som kan hjälpa.

Den vanliga människovården är svår,
och vi måste boka tid för att bli sjuka.
Man måste vara fullt frisk för att bli sjuk
och stå i kö för att komma fram till doktorn
innan man dör av tristess och utmattning.
Väntrummen är så tråkiga att vi svimmar
och önskar att någon hade gett oss piller
så att vi kunde skratta åt eländet.

Jag önskar att jag var en katt som blev sjuk
så att jag fick komma in sent på kvällen
och få någon som kliar mig bakom örat.

Läkning

Vi sover lätt med ett öga öppet
när ett barn eller en katt inte mår bra.
Bedövningen släpper och oron växer
och verkligheten blir liksom overklig.
Pupillerna är stora och ljuskänsliga,
svagaste ljus lyser som hårt solsken.

Den lilla kända världen behövs
som allra mest när vi inte mår bra.
Filten och de kända lukterna,
där vi återskapar det vanliga livet.
Vi pratar med små, ljusa röster
för att återkomsten till vanligheten
ska bli så trygg som möjligt.

Glesning

En bildhuggare sa om sitt stenblock;
det är inte så svårt att skulptera.
Allt handlar om att ta bort all sten
som inte ska finnas med i resultatet.

Körsbärsträdet fick sig en omgång
med samma filosofi som bildhuggarens.
Alla grenar och kvistar som inte behövs
ska sågas bort och klippas ner.

Nu står körsbärsträdet urglesat
som ett naket och tomt skelett.
Det var precis så här som jag tänkte
att trädet skulle se ut till slut.

Avfall

Återvinningsstationen stängde tidigt
en helgdagsafton i november.
Sista trädgårdsrensningen före vintern
är alltid försenad i elfte timmen,
dagen innan första snön faller.

Vid containern för trädgårdsavfall
var det köbildning med fyllda säckar
som skulle komposteras till ny jord.
Vi hoppades att inget annat gömde sig
bland löv, gammalt blomskräp och gräs.

Grindarna höll på att stängas till
när jag körde ut med tom släpkärra,
jag hejade på vakten med gula jackan
men han vinkade inte tillbaka.
Han skulle sortera sina egna sopor.

Allhelgona

Vi bar små ljuslyktor med oss
när vi kom till kyrkogården.
Allhelgonamörkret sänkte sig över oss
men tusen ljus lyste upp vår väg.

Så många människor som lyser
och så många människor som slocknat
på vägen genom dödsskuggans dal
där mörkret fick grepp om själen.

Vi bar många ljusglimtar med oss
hem från kyrkogården om kvällen.
Minnesgården tände nattens stjärnor
och mörkret skrämmer inte längre.

Nybörjare

Till vår förvåning fanns alla kulor med
i vårt gamla fina Kinaschackspel.
Det var inte igår som vi spelade
men vi mindes de enkla reglerna.

Selma som spelade för första gången
lärde sig fort att flytta sin blå kulor
ett steg i taget eller hoppa hit och dit
för att komma över till andra sidan.

Det gäller att använda andras kulor
för att komma långt med de egna.
Vi gjorde allt för att ta hem spelet
men det var nybörjaren som vann.

Smakråd

Längst in i ett hörn hängde skjortan
som var sydd för att passa mig.
En gammal frackskjorta var en gång
ett favoritplagg för sömmerskan
som gärna gick runt i fars finplagg.

De långa stråvecken på skjortbröstet,
den kraglösa halslinningen med knapphål
och det lagom slitna bomullstyget
som luktade av pappas finkalas.

I svart linne var den uppsydd till mig
men utan vit frack som tillbehör.
Om det var något som skulle omvändas
så inte var det färgen på fracken,
utan jag, som litade till mina smakråd.

Ikaros

Ni som spela´ när vi festade,
era vingar växer ut
liksom Ikaros som testade
en helt egen konstruktion.
Ni kan sväva mycket högre
än ni nånsin gjort förut.
Flaxa ut som om ni övade
en flygplansformation.

Ikaria, vinets hemvist,
där fick druvan premiär.
Där fanns Ikaros som krascha
när han ville flyga högt.
Kanske övade han envist
innan han blev luftkonstnär.
Daidalos, hans käre farsa
gladdes att hans son försökt.

Gör ej samma fel som Ikaros,
då hans vingar var av vax.
Flyg ej lika nära solen,
det blir varmt som bara fan.
Att han var ganska lika oss,
det blir vi varse strax.
Säkert fastspända i stolen,
utan vingar, utan plan.

Ombyte

I omklädningsrummet är det trångt.
De höga, smala plåtskåpen sitter tätt
och vi letar efter en plats att sitta
när vi ska byta om till dagens träning.

Yngre killar som tränar på arbetstid
skulle kunna vara våra söner,
de knyter skorna utan ansträngning
och har ännu inte fått artros i lederna.

De är effektiva och har bråttom
för att hinna med hela programmet.
Vi seniorer tar det lite lugnare,
väntar på bastun, pratar om livet.

Vår träning är mera lågeffektiv
och vi får skala ner utan att skämmas
när vi gör våra push-ups light
medan vi lyssnar på tränarens lockrop.

Värmländska begrepp

WOD = dagsvärke
Squat = hukböjen
Burpee = hôppjärka
Wall ball = väggsmocka
Swingar = slängbôll
Lunges= övvertramp
Pushups = oppitake
Plankan = strykbräe
Amerikansk swing = snôrrebôrken
Box step = pallklive
Back squats = nackspärren
Front squats = mattstånga
Jump up = hopplöfte
Marklyft = stånkröcke
Thruster = skrammelböjen
Single under = snörstudsen
Jogga = raggelsvängen
Farmers walk = bonnränne
Ring row = hängseldraing
Assault bike = knôvvelcykkel
Row = tôrr-roing
Bänkpress = soffliggerlöft
Goblet squat = kulknäböj
Bear walk = björnsaxa
Press = oppsläng
Good morning = gumôra

Knäsvag

Det tar tid att komma igen
efter en oväntad knäskada.
Vi går den lilla rundan genom skogen
och känner efter för varje steg
om cirkulationen smörjer lederna.

Knän och höfter som alltid har fungerat
låste sig mitt i trappan upp till sovrummet.
På natten körde värken in kniven
och vred om så att inga tabletter hjälpte.
Smärtan kom från ingenstans och var överallt.

Långsamt återvänder rörligheten.
Fysioterapeuten säger att träning är bra
i måttliga mängder med lätt belastning.
Märkligt att man måste lära sig gå på nytt.
Vid ett års ålder kom det naturligt.
Nybliven pensionär måste ha lärare.

Julfest

Vi äro musikanter som bildat ett kapell,
med en duktig violinist, en basist,
och en virtuos som längtar efter sin flöjt.
Allt ifrån Skaraborg kommer vårat band
som spelar mest på julfester kring granen.

När vi börjar spela, vaknar hela salen
och alla dansar bomfaderalla med varann.
Och strax därpå dansar alla andra hållet,
andra hållet, andra hållet.
En dragspelare och en saxofonist hänger på
så att bomfaderalla välter granen.

Nu kör vi ett gig varje år när julen slutar
och granen barrar något så förfärligt
att det ligger en grön matta under trädet
när vi äntligen kan lägga ner vår fiol,
vår bas och den gamla julflöjten.

Märklin

Modelljärnvägen som väntat i mörkret
fick äntligen komma ut ur garderoben.
Vi röjde av julbordet och byggde räls,
kopplade in den stora transformatorn
som knäppte och rök från gamla sladdar.

Det lilla växelloket gjorde några ryck
innan det fick upp farten i kurvan,
hackade sig genom en felkopplad växel
och jagade vidare förbi nerfällda bommar.

När sladdarna till lyftkranen kopplats in
svängde förarhytten med utsikt över bangården.
Det stora bruna SJ-loket tände lamporna
och styrde majestätiskt ut på stambanan,
rundade chokladasken och julbockarna.

Julkonsert

Det är alltid något som krånglar
precis innan julkonserten ska börja.
På altarringen sitter två basar
med knän som gått i baklås,
ryggar som värker i alla muskler
och en tenor med besvärlig yrsel.

Två sångnoter har hålslag i fel sida
och kan inte öppnas förrän efteråt.
Ett par sångare kommer lite sent
och en tenor har plötsligt blivit hes.

Ute lägger sig dimman över åkrarna
och kyrkan bäddas in i duggregn.
Till mångas överraskning fylls bänkarna
av en publik som vill höra sångerna
som varje år fyller hjärtat med värme.
Bygdens egen kör ger sig inte,
förrän den helga natten fyllts med ljus.

Vårdoft

Vår granne älskar att grilla på altanen,
när gråvintern tuggar i sig det svaga ljuset
från utegranen och adventsstjärnorna.

På andra sidan gatan har tomten lyckats
klättra in genom det lilla vindsfönstret
och somnat i en stor brun papplåda.

Det ryker från grannens nya specialgrill
som klarar högre temperaturer
än de andra tre matlagningsmaskinerna.

Tiden det tar att varmröka laxen,
hantverket att grilla lammkotletterna,
gör livet rikare på smak och dofter.

Vakna

När Räven tycker det är dags att vakna
stryker hon sig ljudligt mot sängkanten
och berättar den tragiska historien
om sin långa natt och tomma mage.

Jag sätter mig upp och blir kvar en stund
medan katten hoppar upp på fönsterbrädan,
börjar gnaga på en krukväxt och ser på mig
med blicken som säger att jag bör gå upp.

Blomkrukan kan när som helst välta omkull
och det vore ju synd om mina nyvakna tår
och tänk på all jord på golvet under sängen.
Det tar tid att städa upp efter en hungrig katt.

Jag funderar på vem som bestämmer i huset
och ser att Räven läser mina tankar.
Det är ju du, säger katten, och ser på mig
med sitt vackra och hungriga leende.

Massaker

Under sängen gömde sig överraskningar
som jag helst inte ville upptäcka ensam,
förnekelsen var total och endast katten visste
vad som var slump eller förhandling.

Jag undrar hur blomkrukan föll ner
med jorden spridd över det dammiga golvet,
lerskärvor flyger långt vid en explosion
som väcker den sovande ur mardrömmen.

Troligtvis var det gardinen som fladdrade
av vindstötarna utanför fönstret.
Så berättade i alla fall Räven som log
och gladde sig över att se morfar på benen.

Hundmöte

Den lilla gulvita trasselsudden
plöjde virrigt i diket längs skogsvägen
utan att finna mer än gamla souvenirer
från avlägsna släktingars minnesmärken.

Kring munnen hängde bruna slamsor
från matrester och hundgodis,
små kärleksbevis från husse och matte
som väntar att få kärleken besvarad.

Innan vi möttes, kopplade husse sin vän
med varning för vilddjurets nyckfullhet
i detta farliga tillstånd med hårda vindar.
Utan att skälla passerade vi varandra.

Protest

En diskret och mycket liten manifestation
demonstrerar på Stora Torget
för att ganska försiktigt påtala sin irritation
över kommunpolitikernas naivitet.

Ett nytryckt flygblad delas ut på bussen
med förhoppning om att öka pressen
på beslutsfattarnas goda samveten
som tillfälligt har en driftsstörning.

Felet kommer att åtgärdas inom kort
meddelar kommunledningen via mail
till alla trogna kunder i staden.
Kommunen ber om ursäkt för dröjsmålet.

Tidningen

När kaffet är uppmätt och vattnet kokar,
när äggen sjuder och ljusen är tända,
när katten har fått mat och tystnat,
går jag ut för att hämta tidningen.

Det blir några minuter ljusare varje morgon
och tidningsbudet behöver inte oroa sig
för snövallar och oplogade trottoarer.
Vintern är vänlig mot nyhetsutkörare i år.

På väg in möter jag katten som ätit färdigt
och ger sig ut för att söka av reviret.
Den maktgalne slagskämpen söker bråk
som det står om i dagens tidning.

Vintercykel

Den lågt stående januarisolen
bländade mig på cykelturen in till stan.
Släpkärran som stod parkerad
upptäckte jag i sista sekunden.
Fotgängaren som kom rakt emot mig
höll jag på att köra över.
Pappan med barnvagnen fick jag syn på
ögonblicket innan det var försent.

Det var ju solen som fick ut mig
på årets första cykeltur i kylan.
Att den blev mitt största hinder
hade jag inte räknat med.

Vi tror att ljuset vill vara vår vän
och upptäcker att det också kan vara
vår farligaste motståndare.

Verkstad

Den genomlysta verkligheten skrämmer
när jag ligger i tandläkarens stol
och ser på röntgenbilderna av mina tänder.
Ungdomens sockersynder blir synliga.

Arne på bilverkstaden står under min bil
och berättar om bussningarna till bakhjulen
som kan behöva bytas vid nästa service.
Lagningen kostar som en guldtand.

Det transparenta livet avslöjar mig
när själen visar sig ha gamla fyllningar
som börjar släppa likt istappar
när solljuset sipprar in genom kulissen.

Lösvikt

Det gamla raststället i Hummelsta
lassade upp tre hundra sorters godis
och lika många kunder i timmen
som slevade in socker i påsarna.

Karamellbutiken sålde sista geléråttan
när vägen drogs en kilometer bredvid
Ägaren tjänade inga pengar på
chokladbananerna med apelsinfyllning
som kom ända från fabriken i Tyskland,
hade samma kilopris som polkagrisarna,
de sura napparna och persikorna.

Nu ligger lösviktsbutiken vid Dinners i Arboga
där turisterna från Finlandsbåten stannar
för en kopp kaffe och ett toalettbesök.
Chokladbananer med apelsin säljs inte längre
ingen frågar efter praliner med fyllning

Butiken har bytt ägare sedan sista besöket.
De nya vet inte om att jag hade en egen låda
med mitt namn skrivet på kartongen
i kylrummet på lagret bakom butiken

Nattvandring

Mitt i en mardröm väcks jag av kroppen
som vill upp och gå en kort promenad
fram och tillbaka till badrummet.

Taklampan i hallen förblir släckt.
Fötterna hittar i mörkret utan ljus,
medan jag blundar och vinglar fram
till rummet med obarmhärtiga spegeln.

Kvällens sista glas vin gav organen hårt jobb
med nedbrytning av alkohol i blodet.
Kroppen skrek efter mera insulin
men min stackars lever hade fullt upp.

Svettig och trött återvänder jag till sängen,
kryper ner i den andra verkligheten
där bukspottskörteln längtar till gryningen.

Konstutställning

Konstguiden berättade med inlevelse
om de andliga målarna vid 1900-talets början
som ville förmedla de högre sanningarna
om människans jordbundna gudomlighet.

Den esoteriska kunskapen hade färg och form
och kunde uttolkas av ett fåtal invigda
med sinne för de abstrakta lösningarna.
Kyrkan hade förlorat folkets öron och ögon.

Jag har sett min egen död! utropade konstnären
vid åsynen av röntgenbilden av sin hand.
Teknikens landvinningar öppnade nya världar
som hittills inte varit gripbara med förnuftet.

Det var en ny tid med nya insikter om gudar
som inte fick plats i kyrkornas instängda rum
där prästerna satte gränser för upplevelsen.
Konsten blev andlig och det andliga blev konst.

Spårbyte

På hemväg från Huvudstaden
läser vi på den stora informationstavlan
att vårt tåg till Karlstad har bytt spår.
En röst i högtalaren upplyser oss om
att det innebär en annan perrong
som endast nås genom underjorden.

Vi hoppas att tåget ska vara i bättre form
än när vi lämnade Värmland i förrgår.
Då var det trögstartat och nerfruset
men lokföraren skakade igång tåget,
berättade konduktören för oss resande.

Det är inte lätt att hålla tidtabellen
för ett gammalt lok som tjänat ut sin tid
och hellre drar timmervagnar från Hallsberg
ner till pappersmassefabriken på Skoghall.
Vi skakar hemåt med kraftig turbulens,
efter Degerfors ska vi nog klara hela resan.

Sagor

Jag vill att farfar ska läsa, säger barnbarnet,
kryper upp i knät och öppnar boken.
Med påhittad finlandssvensk brytning
läser farfar om Mymlan och Mumintrollet
som letar efter lilla My i den farliga skogen.

- Varför låter du så konstigt, säger barnbarnet.
- Jag tycker att sagan blir mer spännande då,
svarar farfar på vanlig värmländska.
Tove Janssons sagor har sina egna figurer,
alldeles egna färger och landskap.
Muminvärlden har också sin egen dialekt
som gör att vi båda kan smyga in i sagan.

- Läs nu, säger barnbarnet som har fantasi
att föreställa sig det onda och det goda
utan att spela teater och förställa rösten.
- Vad hände sen, farfar? Jag kan berätta
om du inte förstår lika bra som jag.

Taverna

Minnen och längtan doftar starkt
av rosmarin och timjan ur lunchmenyn
när vi planerar vår greklandsresa i maj.
Om ett par månader sitter vi på tavernan
medan jakarandaträdens stora blommor
breder ut sin blåa matta på gatorna.

Återseendet har redan börjat inom oss
och vi kan höra rösterna från inkastarna
på de tavernor som vi kallade för hemma.
Kyparna visste vad vi tyckte om att dricka
och de berättade om dagens specialiteter.

Mycket har förändrats sedan vi var där.
Matställen har stängt och nya har öppnat,
de kypare som vi kände finns inte kvar.
Det går aldrig att återvända till det som var
och det är svårt att återse det som inte finns.

Gitarr

Efter femtio år stod han framför mig igen,
läraren som visade mig de rätta greppen
så att jag kunde spela mina första ackord
på min lånade och dåligt stämda gitarr.

Vi pratade om hur gitarren hade räddat mig
från det långsamma döendet på regementet.
Musiken hade gett mening i tristessen,
öppnat ett fönster till friheten där utanför.

Gitarrackorden som han lärde mig då
minns fingrarna fortfarande med känseln.
De få som tillkommit därefter är lätt räknade.
Det var ju bara femtio år sedan förra lektionen.

Minnen

Nu har videobanden legat i trettio år
och väntat på att röra på sig igen.
Limmade minnen på en magnetremsa
väcks till liv med en knapptryckning.

Första hunden med solsken i blick,
barn i sandlådan och barn i magen,
gamla föräldrar som kom på besök
när födelsedagstårtan stod på bordet.

Det har gått en generation sedan dess.
Barnen har egna barn och hundar som leker.
Fjärde barnet sällan eller aldrig filmat.
Det var så mycket vi skulle hinna med.

Talman

Vi lär oss många hantverk under ett liv.
Några blir bra på att bygga fioler,
andra blir framstående surdegsbagare,
och någon blir expert på att skriva vers.

En del av oss blir inte mästare på något alls
men hyfsat bra på väldigt mycket.
Att kunna lite av varje är också en konst
som aldrig får något gesällbrev utskrivet.

Många anser att det värsta som finns i världen
är att hålla tal och prata inför publik.
Den som varit talman under ett yrkesliv
uppskattar de tunna finslipade orden.

Trädkojan

Konsten att bygga ett hus högt i ett träd
kommer från fåglarna som bygger bon
dit inte katten och ormen kan klättra
och den närsynta människan inte ser.

När mamma ropade in mig till middag
satt jag gömd högt uppe i den stora granen
där grenarna var trappsteg till toppen
och jag var osynlig men kunde se allt.

Barnen fick ha trädkojan för sig själva
med väggar och tak av ruttna brädor.
Mormor och morfar vågade inte gå upp
i björken som var full av rostig spik.

Ekan

När morfar rodde ut på vattnet i ekan
och försvann bakom första älvkröken
var hela familjen oroliga för resan
ensam ut genom slingrande meandrar.

Näten skulle vittjas på abborre och mört
till mat på tallriken och till kattens skål.
Men mest av allt var det friheten
att styra sin lilla farkost under nerfallna träd
över sjunkna stockar och grunda lerbankar
tills älven öppnade sig för de fria vidderna.

Den gamla bruna filthatten på sned,
fiskarrocken med säkerhetsnål i halsen,
befriad från skollärarens kostym med väst
och ingen skolklocka som ringde in.

Taklampan

Skyltfönstret öppnade sina stora ögon
och tände hundra hoppfulla solar
som gav oss vårljus i vintermörkret.

I taket hängde lampan som vi drömt om
med silat skimmer som första påskljuset
när midnattsropet väcker tron på livet.

Vi frågade i butiken om priset på belysning,
det fanns flera storlekat och färger.
Utanför glaset drömde vi om soluppgångar.

Spårsnö

Ingen går på skidor längre i fjällen,
alla forsar fram i hårdpressade nylagda spår
med skins under fotsulan för bästa fäste.

Jag föredrar att gå ensam i sakta tempo
för att känna skidorna glida i utförsbacken
och hjälpa mig uppför de första motluten.

När jag lärde mig cykla behövde jag fart
för att inte tvärstanna och ramla omkull.
Lagom hastighet på skidor är mycket svårare.

Tält

Dottern övertalade sin pappa att tälta
fast det var mitt i vintern och snöglopp ute.
Vi tältar inomhus, svarade campingpappan,
byggde ett vindskydd av filtar över bordet.

Vildmarkspappan sov inte mycket den natten.
Mamman hörde hur han vred sig på madrassen
som var alldeles för tunn för hans rygg,
han längtade till skogsbackens höga tallsus.

Det här gör vi om nästa natt, sa dottern
till sin trötta och söndervärkta friluftspappa
som släpade sig fram under matsalsbordet.
Han åkte iväg för att vila upp sig på jobbet.

Skomakaren

Skomakaren som lagar mina trasiga skor
sitter dagarna i ända vid sin arbetsbänk
med händerna fulla av evighetsarbete.
Ingenting av det vi går i håller för alltid
och en dag är också ovanlädret utslitet.

När jag går förbi skomakarens verkstad
passerar jag genom en osynlig vägg
av dofter från kontaktlim och läder
som får mig att hålla andan och se mig för
när jag sneddar över gatan till andra sidan.

För en billig penning lagar han mitt liv
som är klart för hämtning i eftermiddag,
redan efter en timme kan de bli färdiga.
Det är lika trångt och fullt på skohyllorna
som i stora benhuset på kyrkogården.

Fricykling

När det är mycket grus i maskineriet,
är det en liten tröst i orostider
att cykelbanan är rensopad
och medvinden ger vingar som bär.

Än är det tid för handskar,
mössa under cykelhjälmen
långkalsonger och halsduk.
Sadeln är kall, växeln trög.

Luften hälsosamt frisk och virusfri,
släpper styret och känner farten
som gör mig tjugo år yngre.
Det farliga är under kontroll.

Blundar

Om jag blundar och lägger örat nära,
kan jag höra myrstacken brusa
som en stad där människor går till jobbet
och handlar mat till middagen.

Om jag blundar och lägger handen nära
kan jag känna saven stiga i björken
som när hissarna går upp och ner
i vårt fredagsöverfulla köpcentrum.

Om jag blundar och lägger ögat nära
kan jag se människor bakom gardinerna
som om alla program direktsänds
från teveapparaterna i lägenheterna.

Bofinken

Världen stannade upp några sekunder
när vi stod öga mot öga med en bofink
som spelade över oss en frusen melodi
för att hälsa våren välkommen.

Bofinken flög från gren till gren
och berättade hoppfullt om framtiden
som om vi hade glömt bort sången
när livet återvänder till jorden.

Vi lyssnade till de klara tonerna
som ställde oss helt orörliga.
En hundägare trodde vi gått vilse,
där vi stod andaktsfulla under trädet.

Spillkråkan

Oljudet som störde vår skogspromenad
kunde komma från en nyvaken cykel
med tråkiga bromsar som borde bytas ut.

Vi gissade att det var en arg spillkråka
som lät lika illa som hon flyger mellan träden
på jakt efter ruttna stammar att förstöra.

Vi googlade på hur en spillkråka låter
men inget svar kom och vandringen fortsatte.
Efter fem minuter skrek spillkråkan i fickan.

Formkurva

Inne i vår karantän tränar vi kroppen
med rörelser som stärker vår framtid,
tjugo minuters svettig formverkstad.

Vi bygger vårt lilla hemgym framför teven
där vår personliga tränare peppar oss
med glada tillrop och påhittade varianter.

Utanför vår karantän tränar vi själen
där folkhälsomyndigheten tröstar oss
genom livets branta formkurva.

Avlopp

Kommunens spolbil rensade avloppet
inför en hemlig publik i karantän
som följde dramatiken från parkett
bakom tryggt isolerande skyddsfönster.

Det var nog mängden toapapper
som Sveriges befolkning nu spolar ner
till de hemliga gångarna i underjorden
där ingen vet hur det ser ut på riktigt.

Servicebilen från Rörinspektion kom,
skickade ner sin kamera i tunnlarna
för att se vad vi haft för oss på dagarna.
Möjligen har vi hamstrat lite kaffe.

Spång

När inredningen gick oss på nerverna,
väggarna reste sig som fängelsemurar,
bröt vi oss ut till den vindpinade friheten
genom fyra trånga rondeller i Bergvik.

Bakom IKEA:s stora plåtbunker
utgick en liten okänd vandringsled
som inte fanns upptagen i sortimentet
över utredningsdetaljer för karantäner.

Tofsvipa, fiskgjuse och skäggdopping
häckade ett stenkast från motorvägen,
vi balanserade ut till hällmarkerna
på en plankspång över strandängen.

Matleverans

Katten tittar misstänksamt mot dörren
när de gamla vännerna kommer förbi
med matleverans från världen utanför.

Vi ses på säkert avstånd i friska luften
utan kramar och kindpussar som vi brukar.
Inget är längre som vanligt dessa tider.

Dagens höjdpunkt, ansikte mot ansikte
när allting blir som vanligt i tio minuter
medan katten genomskådar vår teater.

Minnen

Kvar i pyjamasen när klockan är tolv
hittar vi foton från bröllopsdagen,
brudpar och gäster i allra finaste kläder.

Utan att kamma håret och titta i spegeln
klockan ett mitt i måndagslunchen,
står vi nygifta på kyrktrappan i Arvika.

Ingen ringer på dörrklockan idag heller,
när vi äter festmiddag på Skutboudden
insvepta i en varm filt av gamla minnen.

Skogen

Skogen känns trygg när allting gungar,
allt är som vanligt när inget är sig likt,
bofinken spelar samma låtar som i fjol,
och talgoxen sitter inte i frivillig karantän.

Den gamla körvägen över hygget
luktar kåda från nyfälld tall och gran.
De tunga maskinerna har sparat stigen
som om föraren gått här i gamla tider.

En övergiven höräfsa står övervuxen
med ekrar som rostar i fuktiga vindar
långt efter att sista skörden bärgades
på den teg som en gång fodrade en häst.

Avstånd

Det är riskfyllt att komma för nära en vän
som har vistats på annan ort
där man spottar i näven och tänker att se´n
är försent, allt ska göras fort.

Därför håller jag andan och flyttar mig bort
ifrån grupper med fler än fem
för att säga min mening och fatta mig kort,
sen ta närmaste vägen hem.

Ska vi fika med vänner på gammalt sätt
får vi långt mellan kopp och fat
och små drömmar av socker på fin assiett
blir gemenskapens surrogat.

Får jag låna din sked för att röra om
i mitt kaffe som förr vi bryggt,
när vi vågade blanda och göra som
om livet var enkelt och tryggt.

Bäcken

Bäcken på Lorensberg är alltid på väg
djupt förbi stora fotbollsplanens gräs
tunnlar sig vidare under europavägen
för att visa sig på södra Kroppkärr
och sedan försvinna på sin väg mot sjön.

Farfar Erik byggde en liten damm,
med vattenhjul och en hammare som slog
jämna slag efter att det hade regnat.
Barnen satte plåtburk under slagverket,
grannarna fick nattsömnen förstörd.

Lycklig den som har en bäck i närheten
där vattnet berättar sagor för stora barn
som ännu inte blivit vuxna på riktigt
och som spelar på trumma om natten
när fullmånen ändå håller oss vakna.

Jorden

Vi matar vår trädgård med solvarm mull,
den bäddar likt manna i öknen,
tulpanerna vaknar till jordens ljud
som faller i uppknäppta blad.

Vinbärsbusken får extra giva om roten,
hon artar sig väl intill hungriga rosor
bredvid björnbäret som vässar klorna
och håller katten sällskap om kvällen.

Nu reser sig trädgårdens gröna hopp
till glädje för alla som väntar
på nya himlar och en ny jord
där livet kan uppstå på nytt.

Tacksamhet

Vi brukade grilla lamm till påsken
för att minnas den grekiska våren
när vintern öppnar sig för sommaren
och solen lyser in i öppen grav.

Allt var annorlunda den här påsken
och vi fick två gösfiléer från Gapern,
vi tillagade fisken på mormor Sveas vis
med mycket smör, salt och grädde.

Livet blir inte som vi tänkt oss i år
när lamm blir fisk och bröd blir rosor
som vi ställer på bordet i tacksamhet
över allt som vi brukade ta för givet.

Blåmes

Förra året hängde holkarna tomma
som två nybyggda hus i väntan på liv
där allt var nytt och vitt och fräscht
men innehållet svart som döden.

I år bygger blåmesar i båda holkarna
med näbbarna fulla av gräs och mossa
för att hjälpa oss som tvivlar på framtiden
att upptäcka ljuset mitt i allt det svarta.

Livet fladdrar långsamt vidare
för småfåglar och andra människor
som söker innehåll och mening
mitt i allt det grå och vardagliga.

Horisont

Instängd hemma i huset, inne i skogen
längtar vi ut till öppna horisonter
där det vita ljuset svävar över havet,
solen värmer och vinden smakar salt.

På behörigt avstånd från sommaren
dras vi ut till vår längtans klippor,
fäller upp staffliet och blandar färger
med bottenlösa mängder havsvatten.

Inom oss är vi redan där på stranden
med himlen full av seglande fiskmåsar,
duken blir till fönster mot världen
där inga sorglösa färger saknas.

Paket

Det kom en gul bil till oss idag,
från Dalsey, Hillblom och Lynn
som kör paket över hela världen,
nu stannade den på Olsätersgatan.

När chauffören ropade till mig,
svarade jag att han var väntad.
Då blev han glad, öppnade grinden
och bar fyra lådor till min dörr.

Det kändes högtidligt när han kom
med hälsningar från yttervärlden
som tydligen ännu finns kvar
någonstans bortom Lorensberg.

Backar

Barnbarnet som provar sin första cykel
kastar sig sorglöst över små kullar
som när den nyfödda älgkalven går
efter några timmar i den nya världen.

Allt verkar så enkelt när man trampar
förbi lekparken som står helt stilla
och den röda cykeln håller balansen
som hittills endast varit en dröm.

Ingen vill frivilligt trampa baklänges
när allt är vänt framåt längs vägen
och den jobbiga backen på skogsvägen
kräver helt onödig inbromsning.

Underjorden

När samhället drabbas av en svår kris
tar det fram det bästa och det sämsta
hos oss som kastas ut ur det normala
där inget är som det ser ut på ytan.

Vi viskar diskret till våra vänner
att vi ser på en hemsk Netflixserie
som är så förfärligt kall och så varm
att viruspandemin ter sig beskedlig.

De svarar att de också ser på filmen
som blir allt hemskare och allt bättre
ju längre ner i underjorden vi kommer
tills vi håller andan i blek förundran.

Någon annan visste redan om
hur mycket godhet och ondska
som visar sig hos en vanlig människa
när livet inte blir som vi har tänkt oss.

Förlossning

Första bilden på barnet som väntar
som en liten fågelunge i sitt rede
och allt är gömt därinne i mörkret
i väntan på påskdagens uppståndelse.

Första filmen på hjärtat som slår
rakt in i ultraljudets mikrofon
som avlyssnar ubåtar och valar
och en människa i livshavets djup.

Jag bär barnet som ska födas
i en väska på resan genom livet
när musiken till förlossningen
ännu spelas för första gången.

Kontroll

Det är ingen konst att cykla på två hjul
när pappa håller i pinnen där bak
men han lurar mig och släpper taget,
det är därför jag ramlar hela tiden.

Jag vet hur man kör på fyra hjul
längs vägen, stigen ner till sjön
genom det höga fjolårsgräset
där jag har sett ormar som är giftiga.

Båten kan jag köra själv om jag vill
men jag har inte prövat än på riktigt
för det är ju jag som bestämmer
och han måste hålla i styrpinnen.

Nässlor

De första nässlorna på Örsholmen
vaknade upp ur fjolårsgräset,
färdiga att skördas med handskar

Cyklister trampade förbi utan ett ord,
vandrare trodde vi plockade skräp,
vände sig bort, upptagna med sitt.

Två personer stannade för att prata,
Syrianen såg sin barndoms vägkanter,
Iranskan såg det goda, ätbara ogräset.

Det blev en gryta med nässelsoppa
kryddad med samtal från andra länder
smaksatt med odlad svensk tystnad.

Lä

Aprilsol öppnar stängda dörrar
värmer insidans kalla mörker,
den sura vinterlukten vädras ut
ur förrådet på baksidan av huset.

Nordanvinden föser in oss i hörnet,
vi söker lä med vårt förmiddagskaffe
i en skyddad vrå av trädgården
där inga stormar från Ishavet når oss.

Körsbärsträdet som vi hamlade i fjol
vaknar till liv med vita födelsemärken,
trotsar vår toppstyrda misshandel,
lagar fodret under tilltygad ytterrock.

Minnesbilder

Vi gräver djupt i lådor med gamla foton
som saknar bruksanvisning och förklaring,
den som en gång kände alla namnen
har för alltid slutat berätta för världen.

Familjen gick till fotografen i finkläder
för att fånga ett ögonblick och en tid
när hela livet badade i varmt blixtljus
och djärvt manus skrevs om framtiden.

De hade inte mycket pengar på fickan
men ett stort förtroendekapital i varandra
och drömmar som sträckte sig långt
bortom Tidö-Lindö och Gångholmen.

Soffan

Det var längesedan vi satt trångt,
lade armen om varandra i soffan
för att uppleva med andras ögon
reseprogram till avlägsna länder.

Det var längesedan vi satt nära
med en kudde i knät framför teven
medan programmet tog kort paus
och vi skrattade åt reklaminslaget.

Det var längesedan vi satt kvar
efter att filmen sorgligt tagit slut
och ingen ville gå och lägga sig
när vi halvsov tätt ihop i soffan.

Hår

Som när fingrarna minns en melodi
och tonerna ger sig iväg under stråken
när hjärnan hade glömt sångerna
säkert gömda inuti fiolfodralet.

Det hjälper inte alltid att tänka ut
och det finns ingen bruksanvisning
för ett hår med rötter i vildmarken
där urskogen får sköta sig själv.

Så kom saxen ihåg hur den klippte
barnens spretiga luggar när de var små
och alla virvlar skapade egna frisyrer
som vi kammade i många riktningar.

Sommardäck

Vi har våra ritual om förvandlingar
från den långa vintern till sommaren
när dubbdäcken inte längre ristar
sina längtansfulla runor i asfalten.

Sommardäcken sjunger på sista versen
efter fyra somrar på semestervägar
som vi trodde skulle vara de sista milen
efter att vi slutat resa för gott.

Skönt att få hjälp med däckbytet
och att den stora domkraften lyfter.
Medan bilen rullar tystare på vägen,
lyssnar vi till den högljudda våren.

Körsbär

Vi lade oss i ett gullvivshav
på kullarna vid Orgelgården,
lyssnade till koltrastens repetition
och näktergalens mästersång.

Ovan svävade körsbärsblom
som vitt skum i böljande vågor,
bin och humlor flitigt upptagna.
Ek och bok ännu inte lövade.

Somnade på den rutiga filten,
drömde om körsbärsdalen
ovanför byn Astros i Arkadien
med skottkärran full av bär.

Vi vaknade med fickorna fulla
av sockersöta gåvor till prästen
som tack för hans välsignelser
när årets första skörd var bärgad.

Ramslök

Doften av vitlök fick oss på fall
i den gröna oceanen av ätbara blad
där vi var både njutare och samlare
utanför Billingens naturreservat.

Ramslöken hade börjat knoppas
och några blommor hade slagit ut
när vi plockade våra påsar fulla
utan att det märktes på marken.

Med smakinslag av färsk gräslök
bar vi hem det gröna guldet
i väntan på olivolja och pinjenötter
blandat med parmesan och citron.

Nu doftar kylskåpet friskförklarat
i en vitaminrik bladvändning.

Båtmotor

Den svarte Archimedes hängde död
som en klubbad säl bakpå plastekan.
Propellern ville inte röra på sig
och startsnöret kärvade under kåpan.

Impellern hade sett sina bästa dagar
och tappat alla sina gummiskovlar
som brukade pumpa vatten till kylning
för att kolven inte skulle gå varm.

Efter femton år i skjul på torra land
vaknade båtmotorn med ett fnitter,
kände att alla delar smorde runt,
längtade hem till öppet vatten i frihet.

Läckö

Över bron till en ö i en egen liten värld
gick den mäktige biskopen i Skara stift,
Brynolf Algotsson till sin lilla trygga borg
med tre sidor vatten och en vallgrav.

Över bron till ett land i en egen stor värld
gick Gabriel de la Gardie till sitt höga slott
som han fyllde med målningar och makt
till uppvisning för odödlighetens skull.

Över bron till det ståtliga Läckö slott
gick vi in till blommande hägg och syren
i tron att tre sidor vatten och en vallgrav
skyddar oss från faror i världen utanför.

Cykling

Jag är säker på att pappa håller cykeln
och aldrig släpper taget om min färd,
det går bra när jag tänker på honom,
jag ramlar om jag tänker på mig själv.

Jag var trygg i att pappa alltid fanns där
och aldrig släppte taget om mitt liv,
det gick bra när jag tänkte på honom
jag gick vilse om jag tänkte på mig själv.

En dag ville jag att pappa släppte taget
men han höll fast och då slog jag mig fri,
det gick bra när jag tänkte på vägen
det tog stopp när jag tänkte på mig själv.

Växthus

Vi trodde att blomman för dagen
skulle klara en natt i växthuset
med tak över huvudet mot kylan
och tunna genomskinliga väggar

De gröna bladen hade härdats
i den envisa kalla ishavsluften,
småkrukorna bars ut och sedan in,
en dag stannade de kvar i friheten

När blir vi starka nog att flytta ut
till det lilla växthusets vindskydd
för att sedan klara oss på friland?
Vem härdar oss i nordanvinden?

E-handel

Luckorna i varuhusets adventskalender
öppnade sig villigt en efter en
när jag anmälde min närvaro
med mobilnumret på väggskärmen.

Kylvaror väntade i ett svalt skåp,
fryst fisk sov i litet kallt utrymme
rumstempererade grönsaker i knippen,
allt förpackat av anonyma händer.

Hyllor och kyldiskar såg jag aldrig
personalen doldes bakom väggarna
kassörskans stol var ödsligt tom,
jag tvivlade på om jag fanns på riktigt.

På displayen skrev någon "avsluta köpet"
jag tryckte viskande "-tack detsamma."
Om jag gjort allting rätt ville jag veta
men det fanns ingen människa att fråga.

Efterord

Minnen ligger gömda i lådor på vinden och kartonger i källare. Inramade fotografier från föräldrars bröllop, konfirmandbilder, skolfoton. Gamla smalfilmer gömmer sig i en låda och videoband med inspelade skolavslutningar med barn i finkläder som sjunger sånger om sommarlovet.

Våren 2020 blev en tid för återseende av gamla händelser med berättelser om det som snart har fallit i glömska och försvunnit i tidens flod. Återseendet är inte alltid behagligt. Händelser för länge sedan kan väcka minnen som vi inte vill komma ihåg.

Längtan efter att livet ska återgå till det normala var stark under försommaren. Vi såg fram emot det nya livet och planterade frön i burkar som snart skulle växa sig starka och friska på friland.

Coronapandemin fick oss att ompröva vad som är normalt. Vi ville så gärna återse ett liv som var som vi ville att det skulle vara. Men verkligheten skulle aldrig mer bli normal.

Om författaren

Gunnar Lidén, född 1950, är värmlänning och bosatt i Karlstad. Att rita har varit ett vardagligt uttryckssätt sedan barnsben. Pappa Erik, som var konstnär, uppmuntrade tecknandet och lusten att skapa bilder.

Skrivandet kompletterar teckningarna och ibland kommer en bild först och texten följer som en berättelse kring bilden. Ibland är det tvärtom. Texten kommer då först och bilden växer ur orden. Att berätta i bilder har Gunnar ägnat sig åt de senaste åren i flera diktböcker med egna illustrationer. Teckningarna är oftast hämtade från vardagshändelser som på olika sätt gjort intryck och behöver en tolkning och en kommentar.

Flera av Gunnars dikter har blivit tonsatta och uppförda i körsättning. Ett dussin russin, Frihetens band och Sånger från balkongen är sådana körverk. Dessa texter finns i boken Omvägar hemåt.

Gunnar är medlem i Sveriges författarbund och Värmländska författarsällskapet samt Svenska Tecknare och Värmlands Konstnärsförbund.

Kulturstugan

Kulturstugan är Kicki och Gunnars företag med ett blandat innehåll. Vi har gett ut böcker och musik-CD med egna produktioner. Konstutställningar och program-kvällar med musik, dikt och bildspel har fått plats i vår verksamhet. Vårt karlstadmönster har blivit tryckt på textila produkter, brickor och skärbrädor. Det nya värm-landsmönstret berättar om länets arton kommuner med kända landmärken. På vår webbsida berättar vi mer om vilka vi är och vad vi gör.

www.kulturstugan.se

FSC

www.fsc.org

MIX

Papper från
ansvarsfulla källor
Paper from
responsible sources

FSC® C105338